Luca Vanin e Fabio Ballor

Manuale pratico del Relatore 2.0

Come presentare efficacemente un Webinar,
una Webconference, un Webmeeting
e altri eventi online dal vivo

Mnamon

Prefazione all'edizione 2014

Veronica entra nel bar, ordina il suo cappuccino e la brioches. Ha il tono di voce chi ha molta fretta e sta rimuginando da quando è sveglia su tutti gli impegni della giornata. Con la coda dell'occhio scorge l'orologio ed esclama, tesa: "Oddio, quanto è tardi! Devo scappare! Le riunioni delle 9:30 sono sempre le più impegnative e non è certo il modo migliore di iniziare la giornata!".

Andrea è già in ufficio, non sa che quella mattina lo aspetta una sorpresa decisamente inattesa, un'opportunità incredibile ma che di primo acchito gli apparirà come una tremenda tragedia!

Umberto sfoglia il grande libro che ha sulla scrivania da qualche tempo, quello con la copertina arancione. Negli scorsi mesi ha deciso di applicarne tutti i contenuti e creare la propria Academy, un percorso di formazione molto particolare, probabilmente il primo nel suo settore, certamente unico per qualità e innovazione. Vorrebbe tanto condividere questa incredibile scoperta con quelli che saranno i suoi formatori e relatori. Ma teme di spaventarli. Deve trovare il modo giusto.

Queste tre persone non sanno che nella loro vita professionale stanno per cambiare tante cose. Veronica ama la tecnologia quanto basta, ma non troppo. Certi tool e alcuni nuovi modi di comunicare la affascinano ma la tengono a giusta distanza di sicurezza. Andrea adora la tecnologia, ma solo quando è lui a sceglierla: quando gli si impone qualcosa per natura si oppone e cerca di trovare alternative più consone alle sue attitudini. Ed è quello che gli sta per accadere: in ufficio, il suo capo gli spiegherà che la sessione di formazione con l'importante cliente tedesco è saltata, o almeno è un po' cambiata: sarà tutta online! Via Webinar!

Umberto invece è curioso, e tutto ciò che è innovazione lo attira come un metallo a una calamita. È già davanti al suo computer, sta per cliccare su "Avvia trasmissione" e sta per avviare anche l'inaugurazione digitale della sua Academy.

Veronica è arrivata in ufficio, la riunione è saltata e sarebbe potuta entrare con più calma, evitandosi i quaranta minuti di coda in tangenziale. Deve trovare una soluzione, deve individuare qualcosa che le permetta di addolcire queste riunioni delle 9:30 o almeno di renderle meno snervanti, più digeribili per tutto il suo team.

Andrea guarda sbigottito il suo capo: gli sembra una scena di un film in cui il protagonista vede muovere le labbra al suo interlocutore, senza capirne le parole! Web che? Di cosa sta parlando? Video conferenze? Ma da dove parto? Non ho mai nemmeno sentito questa parola, figuriamoci se riesco entro mercoledì a organizzare tutto.

Veronica è su un catalogo online e sta già documentandosi. I suoi contatti l'hanno messa sulla giusta direzione e sta già ordinando un libro, oltretutto in italiano per capire come muoversi e come organizzare il suo primo Webinar. Certo, è sicura che non riuscirà a leggere in così pochi giorni tutte quelle pagine, ma già le piace il titolo. Anche Andrea è sulla stessa pagina, e si augura di riuscire a sopravvivere a questa nuova spaventosa avventura. Umberto è già partito con il suo Webinar di inaugurazione sta andando tutto liscio.

Quando si è presentata l'occasione di questa speciale edizione con la casa editrice Mnamon ho colto immediatamente l'opportunità di una grande chance: trasformare il "Manuale pratico del Relatore 2.0" pubblicato con Edida nell'ottobre del 2013 in un libro vero e proprio, in carta, qualcosa di facilmente condivisibile anche per chi ama sentire ancora il profumo della carta!

Questo libro è stato concepito proprio come strumento agile, rapido, concreto e pratico per capire cos'è un Webinar, cosa può fare per te e come puoi renderlo un momento non solo efficace per formare, comunicare, promuovere e condividere le tue idee, i tuoi servizi e i tuoi prodotti, ma anche un mezzo divertente, stimolante e coinvolgente.

Abbiamo pensato questo Manuale come primo assaggio, come introduzione a un fenomeno molto ampio, in rapida crescita e continua evoluzione. Abbiamo immaginato che queste pagine potessero introdurre il tema a chi ne sa molto poco o a chi ha già partecipato a qualche evento online dal vivo e voglia riprodurre la medesima esperienza per i suoi partecipanti.

Speriamo di avere raggiunto questo obiettivo e siamo felici che più persone possano condividere con noi le proprie impressioni. E in fondo al libro troverai tutti i modi per entrare in contatto con noi e proseguire il discorso.

Buona lettura

Introduzione

Millecinquecento! Questo è il numero di ore che una delle nostre piattaforme ha macinato in poco meno di due anni di attività.

Mille ore di Webinar, durante i quali abbiamo lavorato con centinaia di relatori e formatori, fornendo loro indicazioni di tutti i tipi su come comportarsi, come organizzare i contenuti, come mantenere viva l'attenzione.

Da queste esperienze abbiamo imparato molto. Tutto.

La crescente richiesta di indicazioni professionali e operative per condurre efficacemente un seminario online ci ha anche portati a scrivere il primo Manuale completo in italiano sul tema delle Web-Conference e dei WebMeeting: *Webinar Professionali* (Hoepli, 2013).

Con questo testo, che non vuole assolutamente essere esauriente, in quanto il tema merita molte pagine, vorremmo introdurti nel mondo dei Webinar, ponendoci alcuni obiettivi:

- Indicare le diverse tipologie di eventi online dal vivo
- Fornirti alcune coordinate utili per muoverti nell'ambito di una presentazione dal vivo Organizzare la tua presentazione nel migliore dei modi
- Sopra tutti questi obiettivi, vorremmo metterti nelle condizioni di capire cosa ti aspetta, nel caso in cui tu volessi provare a realizzare un Webinar tutto tuo.

Ci spieghiamo. Il Webinar crea dipendenza: chi conduce un Webinar non vede l'ora di riprovare l'esperienza e di farlo altre decine di volte!

Vogliamo che ti diverta, che il Webinar per te non abbia segreti e che l'esperienza sia positiva ed esaltante!

Infine, per raggiungere questo obiettivo, abbiamo in cantiere diversi titoli.

Questo libro fa parte della collana **Webinar Academy**, una raccolta di testi specifici sul tema delle WebConference e dei WebMeeting. Si tratta di testi pratici e veloci, con il fine di essere immediatamente applicabili. Testi professionali introduttivi, intermedi o avanzati.

Per rimanere aggiornata/o sulle prossime uscite ti invitiamo a registrarti all'indirizzo WebinarPRO.it

Gli autori

Webinar: se lo conosci non *lo eviti!*

Suona il telefono. Riconosco il numero e temo già per quello che potrebbe accadere nella prossima mezz'ora.

La voce calma, ma che nasconde una tensione e una preoccupazione che già conosco, mi fa intuire che dovrò abbandonare il ruolo del semplice Webinar Designer per assumere la parte del Personal Coach. Sono abituato e ormai il mio lavoro assume sempre di più questa forma.

Dall'altro capo del telefono, Roberto: baffoni di altri tempi, sguardo vigile, lucido e acuto, sulla cinquantina, ventanni dei quali passati davanti a platee di centinaia di persone nel ruolo del formatore, motivatore, consulente, problem solver e qualsiasi altra forma riesca ad assumere nella tua testa il concetto di "esperto".

Quest'uomo ha risolto migliaia di casi difficili in tutti i settori del business, ha vissuto decine e decine di conflitti d'aula che paralizzerebbero qualsiasi comune essere umano, ha accolto, intrattenuto, divertito, spaventato, motivato, formato, consigliato una mole di persone da fare impressione.

Eppure è preoccupato. Molto preoccupato, lo sento dalla voce.

Scherza sull'evento di domani, gioca in modo grazioso su dettagli assolutamente ridicoli, ma siamo amici e so che dobbiamo arrivare al punto prima possibile: domani dovrà tenere un Webinar, un seminario online della durata di 2 ore, nella sua mente 120 minuti interminabili. Confrontati con la sua esperienza d'aula, stiamo parlando di una formica rispetto al monte Everest!

Nonostante le premesse, il Webinar di domani lo mette in una tensione che non ha mai provato prima.

Una lieve pausa di sospensione mi fa intuire che sta per aspirare il suo sigaro.

"Ma mi spieghi in sintesi cos'è questo Webinar?", esordisce per sdrammatizzare un po' la questione, con il suo solito tono scherzoso.

Inutile rinviarlo al nostro libro (che gli ho già regalato, oltretutto autografato da entrambi gli autori!), inutile ricordargli che gli abbiamo già inviato la guida rapida del relatore, e altrettanto invano sottolineo che nel suo lavoro non può permettersi di non sapere cosa sia un Webinar.

Chiarisco subito, però, un concetto fondamentale. Noi chiamiamo **relatore** *la persona che presenta i contenuti durante un Webinar, anche quando è un docente universitario o un formatore aziendale come lui e assegniamo l'etichetta di* **conduttore** *a chi coordina, gestisce, presenta l'evento. Lo rinvio per l'ennesima volta al nostro libro, almeno per vedere la tabella dei ruoli a pagina 161. Sbuffa, sboffonchia qualcosa, aspira nuovamente una boccata di sigaro, ma lo sento sfogliare e annuire: in effetti aveva la cosa a portata di mano!*

Ma non è questo il punto.

Continueremo il racconto, te lo promettiamo, ma per il momento rispondiamo a Roberto (e a te), chiarendo subito di cosa stiamo parlando.

**PAURA DEL WEBINAR?
NON TEMERE!
SEI IN BUONE MANI**

Webinar, WebConference, WebMeeting e PromoWebinar. Ecco di cosa stiamo parlando!

La parola Webinar nasce dalla contrazione di Web + Seminar e indica un seminario, una lezione, una conferenza, che viene svolta online, in modo sincrono: le persone si collegano virtualmente tramite internet, nello stesso momento, da dove vogliono, da casa, dall'ufficio, usando un computer o un tablet o uno smartphone.

Nel nostro libro Webinar Professionali (lo vedrai citato più volte insieme ad altri testi e libri sull'argomento. Non è narcisismo! Citiamo il nostro libro perché è il primo manuale italiano sul tema dei Webinar in ambito professionale) abbiamo definito molto chiaramente cosa intendiamo per Webinar (pag. 10 della versione cartacea):

Un Webinar è un evento online, accessibile su invito tramite collegamento internet.

Il Webinar è un'occasione in cui più persone si ritrovano via internet, mediante una piattaforma e-learning o un software di video-comunicazione, nello stesso momento (modalità sincrona) per discutere di un certo argomento: chi presenta o conduce l'evento può usare diversi strumenti online, mostrando slide, filmati, confrontandosi in diretta con gli altri partecipanti, sia in forma scritta (tramite una chat) sia a voce (come se fosse una telefonata).

UNA PAROLA TANTI EVENTI

Esistono diverse forme di Webinar. Per una definizione precisa e articolata di ognuna di queste ti rinviamo al nostro libro Webinar Professionali. Per i nostri scopi, bastano solo alcune indicazioni di massima.

Webinar. È la categoria generale che raccoglie tutte le forme di evento live che rientrano nella definizione generale che ti abbiamo appena fornito.

WebConference. È la trasposizione della classica conferenza o lezione frontale nell'ambito della comunicazione digitale e come dice la parola stessa è una lezione condotta dal vivo da un docente che presenta le slide lasciando le domande a sessioni specifiche (durante la presentazione o alla fine). È una comunicazione che solitamente si definisce uno-a-molti oppure pochi-a-molti (quando ci sono più relatori).

WebMeeting. È paragonabile a una sessione di *brainstorming*, o a una riunione collaborativa: tutti possono partecipare e offrire il proprio contributo, eventualmente scrivendo su un documento condiviso o utilizzando una mappa concettuale condivisa. In questo caso la comunicazione è pochi-a-pochi o molti-a-molti, in relazione alla tipologia di lavoro previsto.

PromoWebinar. È un particolare tipo di WebConference molto usato nel marketing, nella comunicazione, nella pubblicità e nel *personal branding*. Segue particolari strategie per comunicare un prodotto, un servizio o le particolari competenze di una persona, di un gruppo di lavoro o di un'azienda.

WebCast. Molti chiamano Webinar un invio in *streaming* di una registrazione dal vivo: il relatore ha presentato qualche tempo fa in un Webinar, è stato registrato e ora viene ritrasmesso in differita. Ecco, questo non è un Webinar e non rientra nel nostro interesse specifico.

PseudoWebinar. Quando usi Skype, condividi con un software esterno (o con lo stesso Skype) il desktop e parli a un numero ristretto di persone, stai fondamentalmente facendo quello che potresti fare con una piattaforma Webinar, ma non lo sai e quindi stai usando uno strumento meno indicato (per l'assenza di diverse funzionalità che migliorano l'interazione!).

CAPIRE COME FUNZIONA UN WEBINAR E' IL PRIMO PASSO PER CONDURLO EFFICACEMENTE

Se non sai cosa sia un Webinar o se non hai mai partecipato a un evento live online di questo tipo, nelle prossime pagine cercheremo di illustrartelo in modo semplice e completo, fornendoti tutte le indicazioni necessarie non solo per capire come funzionano questi straordinari strumenti di comunicazione, ma per metterti nelle condizioni di condurne uno tutto tuo.

Webinar: cosa avrai davanti ai tuoi occhi

Roberto ha fondamentalmente ragione: non avendo mai partecipato in qualità di relatore a un Webinar prova quella tensione che colpisce ogni essere umano di fronte all'ignoto. In realtà, gli spiego, alcune volte hai già fatto qualcosa di simile, ma non lo sai.

Dal silenzio dall'altra parte del telefono, capisco che non afferra. Mi spiego.

Hai già usato Skype, giusto? Ti è capitato di dare un link a una persona e invitarla a visitare una pagina web proprio mentre le spiegavi cosa guardare? E ti ricordi quella volta in cui ti ho condiviso lo schermo per discutere quei grafici e quelle tabelle insieme?

Ecco, in forma primordiale era un piccolo Webinar a due. Noi lo definiamo nel nostro libro Webinar Professionali uno pseudo-Webinar.

Domani sarà una cosa simile, ma con alcune differenze sostanziali:

- *Userai una piattaforma diversa da Skype ma con una logica abbastanza simile*
- *Avrai dall'altra parte qualche centinaio di persone, ma non li vedrai in faccia*
- *Potrai fare cose spettacolari che con Skype non puoi fare!*

L'ICONA CLASSICA
DEL WEBINAR

La piattaforma di cui parliamo è lo strumento principale su cui si sviluppa il Webinar: si tratta di un software che installa solitamente un piccolo *plugin* sul tuo computer o che si aggancia ad un'applicazione sul tuo tablet o sul tuo smartphone e che permette di accedere al servizio del Webinar in tempo reale.

Quello che avrai davanti agli occhi sarà qualcosa di molto simile all'immagine stilizzata che vedi qui sotto (figura 5) e le funzioni che vedrai e che potrai utilizzare dipendono da:

- Il tipo di piattaforma utilizzato: ogni conduttore e *Webinar Designer* ne adotta una e propone al docente quali funzioni attivare o meno
- Il tipo di contenuto che devi comunicare
- Le funzioni interattive che richiedi a chi organizza il Webinar

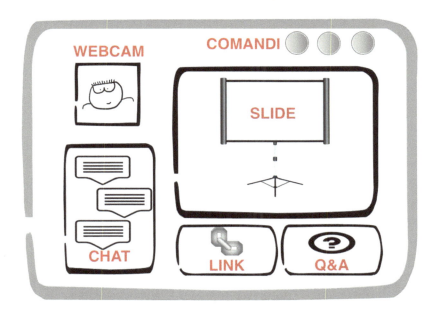

Nella maggior parte dei casi avrai davanti:

- Le tue slide
- La chat

Nel caso di Webinar più evoluti (come ad esempio quelli che organizziamo in Insegnalo.it in ambito formativo, con il supporto di WebinarPRO.it, il sito nel quale raccogliamo consigli e indicazioni strategiche sulla progettazione, sulla gestione e sulla realizzazione di WebConference e WebMeeting) ti troverai di fronte diverse funzioni, attivate proprio per migliorare la tua esperienza e quella dei partecipanti:

- Webcam che riprende i relatori
- Condivisione dello schermo (per mostrare come usare, ad esempio, un software)
- Lavagna condivisa in cui tu e i partecipanti potete condividere informazioni e immagini, come se steste scrivendo su una lavagna in aula
- Spazio per condividere link e risorse Spazio per le domande e le risposte (Q&A) Condivisione video, audio, file, ecc.
- Feedback dai partecipanti: sondaggi, alzata di mano, chiamate, ecc.

Solitamente i conduttori del Webinar ti spiegano in anticipo cosa puoi fare durante l'evento e ti assistono per verificare che tu abbia capito come attivare o disattivare ogni singola funzione. Il briefing è una sorta di ripasso veloce che serve anche a smorzare la tensione.

Nel corso della tua presentazione, quindi, potrai presentare e navigare nelle tue slide, leggere cosa scrivono in chat i partecipanti, rispondere a eventuali domande e fare tante altre cose, come se fossi fisicamente in aula.

Webinar: cosa farai

Roberto ha finalmente capito di cosa stiamo parlando. È già più tranquillo perché trova nel Webinar molte cose in comune alla propria esperienza quotidiana. Mi fa qualche esempio di cosa propone in aula e con un po' di lavoro da Webinar Designer (finalmente sono uscito dal ruolo di Personal Coach, ora che è più sereno!) gli propongo delle valide applicazioni. Si tratta di strumenti, strategie e consigli pratici che consentono di adattare le attività solitamente svolte in aula (lezione frontale, case study, simulazione, brain storming, ecc.) alla comunicazione online (in cui si sa che si perdono alcune variabili della comunicazione non verbale, come i gesti e le posture).

Queste soluzioni frutto di migliaia di ore di esperienza pratica sul campo, permetteranno a Roberto di focalizzare meglio l'evento e di capire che anche il Webinar può rivelarsi un'ottima occasione di formazione e comunicazione efficace.

Roberto non lo sa ancora, ma i Webinar creano dipendenza: una volta che ne provi uno, non ti ci staccheresti più. E per i mille vantaggi che presentano, sei sempre disposto a perderti alcune cose che solo la presenza in aula, il faccia a faccia con le persone, ti può dare. È lo stesso Roberto che capisce l'importanza di presentare, in modo professionale, usando strategie diverse da quelle utilizzate solitamente in aula. Ma cosa accadrà concretamente durante il Webinar? Cosa dovrà fare? Come dovrà farlo?

In linea di massima tutti i Webinar seguono un processo relativamente simile e se gli organizzatori hanno letto il nostro libro, sei in buone mani: tutti i passaggi verranno rispettati per creare un evento memorabile.

Sempre in linea di massima, delle tre componenti fondamentali del Webinar, due sono quasi esclusivamente in mano ai conduttori e una è quasi esclusivamente in mano tua. Guarda la figura 6 e capirai immediatamente cosa intendiamo.

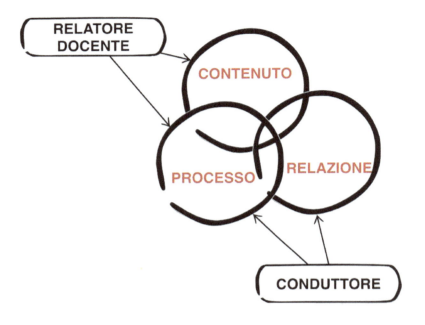

Il conduttore deve quindi occuparsi direttamente del processo del Webinar, facendo in modo che vada tutto liscio dall'inizio alla fine (e anche oltre, molto prima dell'evento e dopo l'evento, nella fase di *follow up*). Un altro aspetto sotto il controllo del conduttore è il livello di interazione dei partecipanti, tra di loro (interazione orizzontale) e tra i partecipanti e il docente (interazione verticale).

Ad esempio un compito del conduttore (che spesso infatti viene definito Tutor) è quello di raccogliere le domande, gestire il dibattito e coprire il ruolo di regista dell'evento stesso.

Tu, in qualità di relatore devi occuparti prevalentemente dei contenuti e della loro erogazione, facendo attenzione ad essere chiaro, semplice e possibilmente piacevole.

Nel corso dell'evento, che può avere durata variabile, riconoscerai – speriamo! - tutte le fasi indicate nella seguente figura. Vediamole nel dettaglio: gli asterischi indicano le attività che sono tradizionalmente sotto il controllo del conduttore e in cui tu dovresti avere un ruolo relativamente marginale.

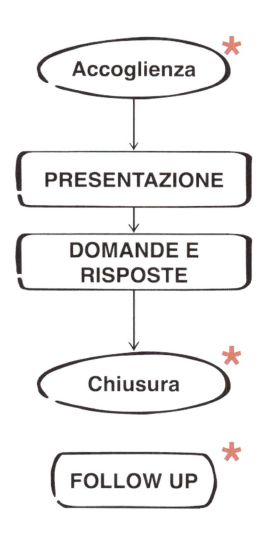

1. Accoglienza.

Questa fase è solitamente utilizzata per aspettare tutti i partecipanti, scaldare l'ambiente, facilitare l'accesso, recuperare i dispersi e fare in modo che tutti entrino e si trovino a proprio agio.
In questa fase avrai probabilmente la webcam spenta e anche il microfono. Se il Webinar è condotto da qualcuno che ha seguito i nostri corsi di Conduzione Webinar è probabile che verrai coinvolto in una fase di accoglienza più socievole e simpatica, chiedendoti di interagire con i partecipanti. Informati se il Webinar è condotto con il modello WebinarPRO di Insegnalo.it

2. Presentazione dei contenuti

Ecco la tua parte. Questa seconda fase e la successiva vengono definite tecnicamente ciclo dinamico del Webinar, ovvero:

il ciclo dinamico è il cuore del Webinar ed è ciò che lo differenzia da altre soluzioni multimediali non interattive (per esempio i videotutorial, alcuni tipi di learning object , i webcast, ecc.).

Il ciclo dinamico è composto da una parte strettamente connessa ai contenuti e da una parte relativa allo scambio di informazioni e confronto tra i partecipanti.
Tratto da Webinar Professionali , pag.47 e segg.

Insomma la presentazione dei contenuti è il nocciolo del Webinar ed è la parte per cui sei stato coinvolto in questo evento. Tendenzialmente presenterai alcune slide, condividerai lo schermo nel caso tu debba presentare un software o un servizio o qualcosa presente sul tuo computer e creerai le basi per poter interagire con i partecipanti.

3. Domande e Risposte (D&R o in inglese Q&A)

La sessione di domande e risposte può essere posta in diversi punti del Webinar: ogni tot minuti (ad esempio ogni quarto d'ora), un paio di volte nell'intero Webinar, alla fine oppure all'occorrenza. Nel nostro libro abbiamo spiegato bene come gestire questa fondamentale sessione per facilitare e stimolare la partecipazione e l'apprendimento.

Nel modello WebinarPRO di Insegnalo.it, il conduttore gestisce direttamente le domande, riportandotele in modo che tu possa concentrarti solo sui contenuti per la risposta. Magari ti verrà chiesto di vedere se ci sono domande più importanti di altre e di rispondere direttamente tu alle questioni che ritieni più rilevanti.

4. Chiusura

Terminato il ciclo dinamico (contenuto + Q&A), il Webinar si chiude con i saluti del conduttore, i tuoi saluti e, solitamente, la risposta dei partecipanti.

È una fase durante la quale il conduttore propone un "ponte sul futuro", ovvero chiede ai partecipanti di fare qualcosa (registrarsi a una lista di indirizzi, acquistare qualcosa, lasciare un feedback, ecc.). Solitamente in queste operazioni di gestione interna non viene coinvolto direttamente il relatore, ma anche in questo caso, chiedi se serve il tuo contributo e di che tipo deve essere.

5. Follow up

È una fase successiva all'evento: viene inviata la registrazione del Webinar (hai firmato la liberatoria?), viene proposto o richiesto qualcosa ai partecipanti, ecc.

In questa fase il tuo ruolo si può limitare eventualmente alla presa visione del materiale inviato oppure, quando i conduttori fanno bene il loro lavoro, all'invio di un pdf, delle slide, di un ebook o di qualcosa che possa in qualche modo rilanciare il senso dell'evento.

Webinar: cosa faranno gli altri

Dalle domande – tante – che mi pone Roberto capisco che sta inquadrando correttamente la complessità del mondo degli Webinar e grazie alle mie risposte sta immaginando concretamente come trasformare la propria esperienza in un evento digitale e trasportare le proprie conoscenze, adattandole leggermente, in un evento completamente a distanza.

A un certo punto, dopo un'altra boccata di sigaro, lo sento pensieroso. Ha raggiunto l'illuminazione che colpisce la maggior parte degli altri relatori alla prima esperienza solo durante l'evento stesso.

Pensando a quello che accade in aula, Roberto immagina le molte ore passate davanti alle persone, alle sensazioni che prova guardandoli tutti negli occhi, esplorando il loro comportamento non verbale e... "Scusa, ma loro hanno la webcam accesa? Cioè, li vedo in faccia?".

Gli rispondo che è già tanto se avrà lui la webcam accesa: la maggior parte dei conduttori non è in grado di attivarla e non ne capiscono l'importanza, conducendo nella realtà dei fatti qualcosa che è più vicino a un Teleseminar, piuttosto che a un Webinar (ma questa è un'altra storia!) Quindi, se i conduttori del suo Webinar hanno seguito uno dei nostri percorsi formativi avrà un'esperienza piena e coinvolgente, altrimenti gli sembrerà di essere in radio, con un interprete che gli legge la chat con le domande.

Rimane perplesso e mi chiede: "E io come faccio a capire se vado bene?"

Il problema del feedback è uno dei limiti maggiori del Webinar: salvo per piccolissimi gruppi, difficilmente si riesce ad attivare la webcam a tutti i partecipanti o, comunque, a un numero superiore ai quattro, sei, esagerando una decina di partecipanti. Al momento è un problema di banda: ci vuole molta banda e una connessione decisamente stabile.

Durante il Webinar, se sei a casa o in ufficio, avrai la webcam puntata su di te (e su ciò che sta dietro di te) e sarai l'unico a essere ripreso. Se il conduttore ha seguito un corso con la metodologia WebinarPRO, ti farà comunque compagnia e si farà riprendere.

I partecipanti potranno comunicare con te in due modi alternativi:

- Via chat, se i conduttori l'hanno attivata in visione anche per te
- Interagendo con il conduttore/conduttrice, quando la chat è visibile solo a lui o lei e ti riporta le domande e i commenti.

Lo sappiamo, la seconda modalità è triste, ma sono tantissimi i conduttori che non mostrano la chat al conduttore. Una prassi piuttosto discutibile quanto diffusa. Preparati!

In generale, il consiglio è: fermati ogni 10-15 minuti e chiedi un feedback in qualsiasi modo tu possa farlo. Nel caso tu possa vedere la chat, invece, il consiglio rimane valido con una nota: mentre parli e presenti, evita di guardare troppo la chat!

Ti distrae e ti fa perdere il discorso! Ma nella pausa, ogni 10-15 minuti, è lo strumento più prezioso che tu abbia a disposizione.

Un altro strumento preziosissimo per capire come sta andando è il sondaggio (poll): preparane alcuni in formato testuale, inviali al conduttore con largo anticipo e chiedigli se può presentarlo quando glielo chiedi.

Il sondaggio è potentissimo: coinvolge, ti permette di giocare sulle attese del gruppo, di stupire, di scherzare, di fare partecipare in modo consistente e concreto tutti coloro che ti stanno seguendo.

Webinar: cosa fare meglio di tutti gli altri relatori

So già come va a finire con Roberto: tutto parte da una semplice telefonata, magari alle cinque del pomeriggio, mentre stai finendo le ultime cose prima di uscire dall'ufficio e si finisce davanti a una pizza, in un posto cordiale e accogliente a continuare il discorso.

Roberto ha finalmente chiaro cosa accadrà domani, ha già pronto tutto il materiale, ha già scritto al conduttore inviandogli una batteria di domande e richieste di chiarimenti, con un allegato completo, chiaro ed esaustivo.

Sono certo che andrà alla grande. È già contagiato dall'idea e sono sicuro che nelle prossime settimane mi proporrà decine di idee da proporre su Insegnalo. it. È il mondo dei Webinar: quando ne provi uno, vuoi farne altri. Tanti altri! L'uscita con Roberto mi permetterà di raccontargli un po' di strategie avanzate per favorire il coinvolgimento dei partecipanti, per farli sentire parte di qualcosa di vitale, energico, stimolante e divertente. Ci sono molte cose che devo dirgli. Devo, in qualità di amico e di Webinar Designer che ha progettato e realizzato centinaia di eventi online di tutti i tipi.

Sarà una serata interessante!

PREPARATI CON COSTANZA E IMPEGNO VALUTANDO OGNI SINGOLO ASPETTO DEL WEBINAR

Questo libro introduttivo è stato concepito come primo passo, con un obiettivo: spiegarti in modo semplice e veloce cos'è e come funziona un Webinar, offrendoti qualche spunto per migliorare la tua performance.

Non è esaustivo, lo sappiamo. Il nostro libro Webinar Professionali è composto da quasi trecento pagine e abbiamo raccolto lì tutto ciò che ti può servire per condurre in modo straordinario il tuo Webinar.

Ora vogliamo lasciarti con una serie di indicazioni che forniamo ai relatori e ai docenti dei nostri Webinar (considera che ne conducia-

mo a volte 4, 5 in una sola giornata!). Sono indicazioni semplici ma che chiediamo di seguire alla lettera.
Sono di due tipi:

1. **MUST**. Indicazioni operative da seguire scrupolosamente per non compromettere il risultato

2. **SHOULD**. Consigli per migliorare la performance e offrire una presentazione professionale

Senza il secondo tipo magari il risultato è più casalingo e persino grazioso. Se invece non segui quelle del primo tipo, rischi di non riuscire a trasmettere i tuoi contenuti.

MUST: I FONDAMENTALI

1. La tua connessione deve essere veloce e stabile. **No** al WI-FI e **no** alle connessioni tramite chiavetta USB. Rischi di non riuscire a presentare o di avere dei seri problemi di *buffering*.
2. Procurati degli **auricolari** o una **cuffia**, anche economiche o quelle che già hai in casa vanno benissimo: eviterai di creare un ritorno nel momento in cui a parlare non sarai solo e interagirai a voce con altri relatori o con i conduttori.

3. Spegni il **cellulare** e allontana il telefono.
4. Disattiva ogni servizio che effettui download o backup via rete. Se non ti serve, spegni chat, instant messaging e simili: nessun pop up deve aprirsi mentre presenti. (eccezione fatta per il punto 3 della prossima sezione).

5. Fai una **sessione di test**: audio, video e slide. Sono il cuore della presentazione. Tutto deve funzionare perfettamente.

6. Con largo anticipo cerca di capire cosa vogliono i **conduttori** da te e quali sono le cose che puoi/non puoi e devi/non devi fare. A volte basta muoverti con due, tre giorni di anticipo per essere tranquillo che tutto funzioni o che ci sia il tempo di sistemare gli ultimi dettagli.

7. Presta molta attenzione all'**illuminazione della stanza**: devi avere il viso e le spalle ben illuminate. Meglio ancora se tutta la stanza ha una buona illuminazione. Non vorrai mica avere l'effetto Dracula o Frankestein dei film muti degli anni Trenta?

SHOULD: I CONSIGLIATI

1. Prepara il **set**: attenzione a cosa viene ripreso alle tue spalle e a eventuali interruzioni dall'esterno.

2. **Bambini** e **animali** (e spesso anche **adulti**) devono essere tenuti alla larga: certe interruzioni possono risultare alquanto sgradevoli.

3. Tieni aperto un **canale differente** dal webinar per comunicare con il tuo conduttore: sms, cellulare, Skype o quello che vuoi! L'importante è che tu possa vedere se ti stanno contattando per fornirti dei feedback. Ma attenzione se usi la condivisione dello schermo: in questo caso disattiva tutto come indicato al punto 4 della sezione precedente.

4. Ricorda che sei un essere umano e potresti avere... sete, oppure altri **bisogni fisiologici** che conviene soddisfare prima del Webinar.

5. Alleggerisci le tue **slide** e rendile più adatte al Webinar di quanto siano in partenza. Anche se sei un esperto di public speaking, ricorda: è una sessione online e le regole sono diverse.

6. **Formati** o **partecipa** ad altri Webinar: impara come funzionano i seminari online prima di trovarti coinvolto in uno di questi eventi. Nelle pagine successive ti proponiamo qualche dritta in merito.

Per documentarti: una mini biblio/sitografia per meno di 30 Euro!

Per diventare un buon relatore è necessario anche studiare e imparare i trucchi del mestiere. Quelli che seguono sono alcuni libri che riteniamo essere il primo passo ideale per imparare a presentare in WebConference e WebMeeting.

Chiaramente il consiglio si estende al nostro libro "Webinar Professional. Progettare e realizzare eventi live coinvolgenti ed efficaci". È frutto di centinaia di Webinar in tutti i settori, sfruttando tutte le possibili combinazioni di eventi, tool, strategie e trucchi che nel corso del tempo abbiamo raccolto e sperimentato. Nasce da moltissima esperienza e da uno studio attento non solo dei migliori autori

ed esperti del settore, ma anche con il confronto con i principali Guru italiani della comunicazione online.

Il libro ti consente poi di accedere con uno **sconto del 50%** ai nostri corsi dal vivo

Your Very First Webinar [Formato Kindle] di Gihan Perera

Non si tratta solo di un testo semplice, anche per chi non mastica tantissimo inglese: è un vero e proprio percorso introduttivo al mondo dei Webinar. Molto utile! Dello stesso autore la versione più completa: Webinar Smarts [Formato Kindle]. Approfondisce molti aspetti che nel primo libro affronta in modo abbastanza veloce.

How to Plan, Setup, and Execute a Successful Webinar di AccuConference

Un libro semplice, veloce e agile ma che ti illustra molto bene le basi da cui partire.

14 Webinar Mistakes To Avoid [Formato Kindle] di Pamela Briggs

Il classico testo che raccoglie errori comuni e molto semplici da prevenire.

Per quanto riguarda i blog, ti consigliamo WebinarPRO.it, interamente in Italiano e dal quale puoi trarre molti spunti e idee per progettare e gestire il tuo Webinar.

Se vuoi fare "palestra" e condurre un Webinar, prova a contattarci su Insegnalo.it: apri un ticket, proponi il tuo tema, spiegando perché e come vorresti condurre il tuo primo Webinar. Verrai contattato in tempi brevissimi e ti sarà proposta la tua data: 10.000 persone (gli iscritti a Insegnalo.it) potrebbero essere interessati al tuo evento!

Come ogni cosa, anche per diventare un relatore di seminari online, Webconference e Webmeeting è importante lavorare molto sulle proprie competenze.
Puoi farlo in moltissimi modi differenti e qui vogliamo proporti alcune strade.

1. **Leggi**. Oltre al nostro libro (Webinar Professionali) in rete troverai decine di risorse gratuite e a pagamento per migliorare il tuo modo di condurre. La letteratura sul tema, soprattutto in inglese, è vastissima e ricchissima di spunti. Leggi tutto ciò che puoi per migliorare i tuoi materiali e il tuo modo di presentare

2. **Aggiornati**. Anche i blog sono una fonte ricchissima di idee e di aggiornamenti tecnici e strategici importantissimi. Personalmente ti consigliamo WebinarPRO.it il primo sito italiano interamente dedicato all'aggiornamento sul tema dei Webinar, dei WebMeeting, delle Webconference e dei PromoWebinar. È anche molto ricco di risorse e strumenti gratuiti.

3. **Formati**. Segui i corsi sul tema, ancora rari in Italia. Una risorsa in tal senso è indubbiamente Insegnalo.it che ha sviluppato il modello "WebinarPRO" per condurre i Webinar e che ospita quotidianamente percorsi formativi di altissimo livello, estremamente interessanti, proprio sulla comunicazione online a qualsiasi livello.

4. **Partecipa**. Segui i webinar gratuiti disponibili in rete: sono una fonte inesauribile di idee, strategie ed errori da evitare. Osservare è

il primo passo per migliorare e diventare bravi a presentare un Webinar in qualità di Relatore

5. **Sperimenta**. Se puoi presenta il maggior numero possibile di Webinar: diventerai fluido, veloce e particolarmente bravo nel coinvolgere i tuoi partecipanti.

Se vuoi una consulenza diretta e una mano per prepararti, usa il nostro indirizzo di contatto info@webinarpro.it.

Un consiglio da amici: **non acquistare subito la piattaforma!** È l'errore più comune e, naturalmente, più dispendioso. Ci sono molti modi per evitare questa spesa e anche semplicemente contattandoci puoi scoprirli senza impegno.

Un corso per diventare Relatore 2.0

Un per-corso completamente dal vivo per imparare l'arte di presentare online durante:

- Webinar
- WebConference
- WebMeeting
- PromoWebinar
- Riunioni web

Il corso viene interamente gestito online e i migliori esperti del settore ti mostreranno in modo completo e semplice gli strumenti, le strategie e piccoli trucchi esclusivi per trasformare il tuo modo di presentare.

Basta improvvisare! Diventa davvero Relatore 2.0.

Ecco alcuni dei temi che vengono presentati nel corso online:

- Come progettare l'intero intervento
- Come preparare i materiali
- Come superare il concetto di presentazione
- Storytelling in azione
- Come gestire le domande e le obiezioni
- Come gestire il gruppo di partecipanti
- Come relazionarti con i conduttori e gli altri ospiti
- Trucchi e strategie per migliorare la performance dal vivo

E molto altro ancora.

Se ti iscrivi, utilizzando il codice **relatore2.0** otterrai immediatamente uno sconto del 20% sull'intero corso!

Guida e Check list Webinar
Docenti – Relatori

Questa guida è stata **redatta dagli esperti di WebinarPRO.it** e Insegnalo.it

È frutto di oltre 1.500 ore di formazione dal vivo tramite webinar, videoconferenze, riunioni online e aule virtuali

La guida si adatta alla maggior parte degli eventi
Se ti è stata inviata, seguila scrupolosamente!

La cosa più importante da fare è:

✓ Non sopravvalutare le tue conoscenze e competenze: se non hai mai presentato online, dillo!

✓ Chiedi cosa si aspetta da te chi ha organizzato l'evento

✓ Stabilisci insieme a loro la scaletta e lo schema da seguire

Stampa e utilizza queste pagine per ottimizzare il risultato del Tuo Webinar!

Buon lavoro!

QUALCHE ACCORGIMENTO TECNICO IN SINTESI:

1. Verifica di avere a tua disposizione:

Microfono
(anche quello integrato va bene)
Cuffia o auricolari
(anche quelli del tuo mp3 vanno benissimo!)

2. Verifica che la webcam funzioni correttamente

3. Connessione: No Wi-Fi – No chiavette USB: possono essere instabili e crearti problemi

Per verificare che audio e video funzionino correttamente, usa Skype, che ti permette tramite le impostazioni video e audio di testare che tutto funzioni.

Inoltre, collegati almeno mezz'ora/un quarto d'ora prima dell'avvio del webinar: lo staff farà con te alcuni test per verificare che sia tutto ok.

Per migliorare la qualità dell'audio, parla molto lentamente e alleggerisci il più possibile le tue slides, riducendo le dimensioni e il numero di immagini ed evitando animazioni ed effetti particolari, che comunque rischiano di non essere efficaci in un webinar live.

Durante il Webinar, indossa le cuffie o gli auricolari, in modo da escludere l'eco causato a volte dal microfono.

IL WEBINAR PERFETTO:

Ecco qualche accorgimento per ottimizzare il tuo Webinar online:

PRIMA DELL'INIZIO:

1. <u>Alleggerisci il peso delle immagini della tua presentazione</u>

2. <u>Comunica a chi ti sta intorno di non disturbarti</u>

3. <u>Controlla cosa hai alle tue spalle</u> (se userai la Webcam)

4. <u>Controlla cosa hai sul desktop,</u> se lo devi condividere e <u>chiudi tutte le finestre private!</u>

5. Per attivare Microfono e Webcam, <u>aspetta un segnale da parte dello staff.</u>

6. Man mano che i partecipanti entrano, <u>salutali</u>, invitandoli a presentarsi in chat e dicendo da dove si stanno collegando. Usa queste informazioni per avviare un contatto con loro e metterli a proprio agio.

7. Controlla che i <u>livelli audio siano corretti</u>, chiedendo ai partecipanti se ti sentono correttamente.

8. Tieni aperto <u>Skype</u>, o qualsiasi altro strumento che hai concordato con lo staff, per comunicazioni private con il moderatore.

9. Metti vicino al tuo computer un <u>orologio</u>, per tenere sotto controllo i <u>tempi</u>

10. Prepara un <u>bicchiere d'acqua</u> (non gasata, fidati!) e... fai *plin plin* prima di iniziare!

DURANTE IL WEBINAR:

11.   Ogni quarto d'ora circa, fai una breve <u>pausa</u>, per leggere le domande in chat e raccogliere feedback.

12.   <u>Chiedi spesso feedback:</u> ti sentono? va tutto bene? hanno domande?

QUANDO STAI PER TERMINARE IL WEBINAR:

13.   Dai ampio spazio a <u>domande</u> e chiarimenti!

14.   Raccoglie <u>reazioni</u> e <u>feedback</u> sul Webinar.

15.   Limita il più possibile <u>i saluti personali</u> in chiusura (massimo una o due persone): ci saranno occasioni diverse per salutare amici e conoscenti

Check list completa

- Accordi e istruzioni di chi ha organizzato l'evento
- Slide e presentazione più leggera

- Microfono funzionante
- Webcam funzionante

- Check di cosa riprende la Webcam alle mie spalle
- Check di cosa ho sul Desktop
- Chiusura finestre private
- Se usi il browser, pulisci la cronologia!

- Auricolari
- Bicchiere d'acqua
- Orologio
- Contatti, link, risorse che devo condividere

- Test animazioni e funzionamento delle slide sulla piattaforma
- Test Volume voce
- Test Qualità Webcam

DA RICORDARE:

_____
_____
_____

SEI ALLA TUA PRIMA PRESENTAZIONE ONLINE?
SCARICA GRATUITAMENTE TUTTE QUESTE RISORSE!

1.   LIBRI GRATUITI

Una guida veloce per capire come sfruttare i Webinar, le WebConference e i WebMeeting nel tuo lavoro

Un manuale completo per chi deve presentare in una conferenza online e non ha idea di come fare. Ma anche per chi ha già provato e vuole migliorare la propria tecnica

Ideale per iniziare!
Il primo capitolo del libro Webinar Professionali, per assaggiare lo stile e i contenuti del nostro Manuale, il primo in Italiano sul tema dei Webinar

2.   TEMPLATE PER LE COMUNICAZIONI

Cosa scrivere nella mail di invito?

Come impostare la pagina del webinar?

Quali modelli seguire?

Problema risolto con questi tre modelli di comunicazione!

3.   WEBINAR CANVAS

Webinar Canvas (aka Webinar Template) è il primo strumento completo per permetterti di progettare accuratamente il tuo evento dal vivo.

Ne abbiamo diverse versioni e si tratta dello stesso strumento che usiamo per le aziende e per le nostre consulenze. Questa è la versione da stampare e sviluppare a mano! Efficace, veloce, semplice e intuitiva da usare!

La scarichi, la stampi, la compili, l'arricchisci con le tue idee e... voilà! Il tuo webinar è progettato!

4.   SELF COACHING SESSION

Abbiamo creato un percorso audio, in grado di accompagnarti per dieci giorni circa nella progettazione, nello sviluppo e nella realizzazione del tuo evento dal vivo. Solitamente è in omaggio con i nostri corsi, come importante strumento di accompagnamento delle prime fasi di lavoro.

Nel Webinar Toolkit abbiamo inserito i primi **tre brani**, quelli indispensabili per compiere i primi passi e che ti fanno capire la direzione da prendere. Scaricali e ascoltali liberamente, quando vuoi, come vuoi!

5.   TUTTO QUESTO È IL
WEBINAR TOOLKIT: COMPLETO – VERSATILE – PRATICO – GRATUITO

SCARICALO DA WEBINARPRO.IT
http://teach4.us/wbnr_toolkit

E ORA, VISITACI: WWW.WEBINARPRO.IT

6. IL RELATORE 2.0 PERFETTO. TOCCA A TE DIVENTARLO!

Come ogni cosa, anche per diventare un relatore di seminari online, Webconference e Webmeeting è importante lavorare molto sulle proprie competenze.

Puoi farlo in moltissimi modi differenti e qui vogliamo proporti alcune strade.

1. **Leggi**. Oltre al nostro libro (Webinar Professionali) in rete troverai decine di risorse gratuite e a pagamento per migliorare il tuo modo di condurre. La letteratura sul tema, soprattutto in inglese, è vastissima e ricchissima di spunti. Leggi tutto ciò che puoi per migliorare i tuoi materiali e il tuo modo di presentare

2. **Aggiornati**. Anche i blog sono una fonte ricchissima di idee e di aggiornamenti tecnici e strategici importantissimi. Personalmente ti consigliamo WebinarPRO.it il primo sito italiano interamente dedicato all'aggiornamento sul tema dei Webinar, dei WebMeeting, delle Webconference e dei PromoWebinar. È anche molto ricco di risorse e strumenti gratuiti.

3. **Formati**. Segui i corsi sul tema, ancora rari in Italia. Una risorsa in tal senso è indubbiamente Insegnalo.it che ha sviluppato il modello WebinarPRO per condurre i Webinar e che ospita quotidianamente percorsi formativi di altissimo livello, estremamente interessanti, proprio sulla comunicazione online a qualsiasi livello.

4. **Partecipa**. Segui i webinar gratuiti disponibili in rete: sono una fonte inesauribile di idee, strategie ed errori da evitare. Osservare è il primo passo per migliorare e diventare bravi a presentare un Webinar in qualità di Relatore

5. **Sperimenta**. Se puoi, presenta il maggior numero possibile di Webinar: diventerai fluido, veloce e particolarmente bravo nel coinvolgere i tuoi partecipanti.

Se vuoi una consulenza diretta e una mano per prepararti, usa il nostro indirizzo di contatto info@webinarpro.it.

Un consiglio da amici: **non acquistare subito la piattaforma!** È l'errore più comune e, naturalmente, più dispendioso. Ci sono molti modi per evitare questa spesa e anche semplicemente contattandoci puoi scoprirli senza impegno.

Un corso per diventare Relatore 2.0. E non solo

IL PRIMO E UNICO PERCORSO FORMATIVO PER DIVENTARE PROFESSIONISTI DEI WEBINAR

Un per-corso completamente dal vivo per imparare l'arte di progettare, presentare e dirigere online eventi di tutti i tipi:

- Webinar
- WebConference
- WebMeeting
- PromoWebinar
- Riunioni web

Il corso viene interamente gestito online e i migliori esperti del settore ti mostreranno in modo completo e semplice gli strumenti, le strategie e piccoli trucchi esclusivi per trasformare il tuo modo di presentare.

Basta improvvisare! Diventare Relatore 2.0 è più facile con il primo e unico percorso online specialistico, suddiviso per profili professionali.

Ecco alcuni dei temi che vengono presentati nel corso online:

- Come progettare l'intero intervento
- Come preparare i materiali

- Come superare il concetto di presentazione
- Storytelling in azione
- Come gestire le domande e le obiezioni
- Come gestire il gruppo di partecipanti
- Come relazionarti con i conduttori e gli altri ospiti
- Trucchi e strategie per migliorare la performance dal vivo
- E molto altro ancora.

Grazie, gli Autori

Luca Vanin e Fabio Ballor

Licenza e Copyright

Tutto il materiale contenuto in questo libro, **Manuale pratico del Relatore 2.0** (edizione 2013), salvo quello espressamente citato da altre fonti e che fa riferimento ad altre licenze, è distribuito sotto la licenza:

Attribuzione - Condividi allo stesso modo 3.0 Italia (CC BY-SA 3.0 IT)

Tu sei libero:

- di riprodurre, distribuire, comunicare al pubblico, esporre in pubblico, rappresentare, eseguire e recitare quest'opera
- di modificare quest'opera
- di usare quest'opera per fini commerciali

Alle seguenti condizioni:

- Attribuzione—Devi attribuire la paternità dell'opera nei modi indicati dall'autore o da chi ti ha dato l'opera in licenza e in modo tale da non suggerire che essi avallino te o il modo in cui tu usi l'opera.
- Condividi allo stesso modo—Se alteri o trasformi quest'opera, o se la usi per crearne un'altra, puoi distribuire l'opera risultante solo con una licenza identica o equivalente a questa.

Prendendo atto che:

- Rinuncia —È possibile rinunciare a qualunque delle condizioni sopra descritte se ottieni l'autorizzazione dal detentore dei diritti.

Ulteriori informazioni sulla collana Webinar Academy le potrai trovare su edidatelling

Crediti

Sommario

www.ingramcontent.com/pod-product-compliance
Lightning Source LLC
LaVergne TN
LVHW012317070326
832902LV00004BA/84